【國際武術競賽套路】

①

國際武術聯合會　審定

李　杰／主編

李巧玲／執筆

大展出版社有限公司

《國際武術競賽套路》編委會

主　　編：李　杰

副 主 編：嚴建昌　　　李雅佩

　　　　　吳　彬　　　黃凌海

執行主編：程慧琨　　　章王楠

編　　委：龐林太　　　馬春喜

　　　　　劉同為　　　李巧玲

　　　　　殷玉柱　　　張躍寧

　　　　　石原泰彥

　　　　　陳志中　　　馮宏芳

執 筆 人：李巧玲（長拳）　程慧琨（劍術）

　　　　　劉同為（刀術）　殷玉柱（棍術）

　　　　　張躍寧（槍術）

前　言

　　國際武術聯合會籌備委員會於1985年8月在中國西安市舉辦的第一屆國際武術邀請賽期間成立。1990年10月在中國北京正式成立了國際武術聯合會。

　　經過十年的努力，國際武術聯合會已發展成擁有世界五大洲83個會員協會的國際體育組織，並於1994年在摩諾哥被國際體育單項聯合會接納爲正式成員，1999年6月又在韓國漢城舉行的國際奧委會全會上得到國際奧委會的承認。從1991年起國際武術聯合會先後在中國、馬來西亞、美國、義大利和中國香港成功地舉辦了五屆世界武術錦標賽。

　　隨著國際武術運動的迅速發展，對武術競賽提出了更高的要求。爲此，中國武術協會受國際武術聯合會的委託，組織了部分會員協會的專家創編了新的國際武術競賽套路，包括長拳、劍術、刀術、棍術和槍術，經國際武聯技術委員會審定，並在1999年11月香港國際武聯代表大會上通過。現出版五個套路的書籍作爲向國際武術聯合會成立十周年的獻禮。

目　錄

6

動作名稱

第一段

1. 預備勢

2. 併步十字掌

3. 掄臂仆步拍掌

4. 震腳砸拳

5. 騰空外擺蓮

6. 弓步盤肘

7. 彈腿壓拳

8. 單拍腳

9. 墊步提膝橫拳

10. 擊步騰空飛腳

11. 旋風腳劈叉

12. 震腳砸拳

13. 跳蓋步沖拳

14. 單拍腳

15. 側踹腿推掌

16. 震腳砸拳

17. 弓步沖拳

18. 弓步貫拳

19. 前點步亮掌

第二段

第三段

圖1

動作說明

第一段

1. 預備勢

面向右斜前方，兩腳併步站立；兩手自然
垂於體側，五指併攏，貼靠於兩腿外側；目視
前方。（圖1）

註：圖中實線表示下一動右手、右腳的運
行路線，虛線表示左手、左腳的運行路線。

11

圖 2-1

第一段

2. 併步十字掌

（1）兩腳不動；兩臂外旋向前上方擺起
至肩高，掌心向上；目視前方。（圖 2-1）

圖2-2

第一段

　（2）兩腳不動；兩臂屈肘，兩手收至腹前，分別經腰兩側向外畫弧至胸前成十字掌，指尖向上，左手在內，右手在外；頭向左轉，目視前方。（圖2-2）

13

圖 3-1

第一段

3.掄臂仆步拍掌

（1）左腳向右斜後方落步，腳前掌著地，兩腿屈膝下蹲；兩掌下落經腹前分開，左臂向前上、右臂向後上擺起，兩掌虎口均向上；目視左掌前方。（圖 3-1）

14

圖 3-2

第一段

（2）左腿支撐，右腳向後抬起，兩掌動
作不變；目視前方。（圖 3-2）

圖 3-3

第一段

（3）左腳向右後墊步跳，右腳向右斜後
方落步；右臂向前上，左臂向後上擺起，虎口
均向上；目視前方。（圖 3-3）

圖 3-4

第一段

（4）上體右轉；兩臂隨體轉向右立圓掄
轉，左臂擺至體前，右臂擺至體後方。（圖
3-4）

圖 3-5

第一段

（5）上體左轉；左腿屈膝全蹲，右腿平
仆接近地面成右仆步；左臂向下、向後上擺起
，左掌虎口向上，右臂向前下擺，右掌向右腿
內側拍地，掌心向下；目視右掌。（圖 3-5）

圖 4-1

第一段

4. 震腳砸拳

（1）左腿蹬直；重心移至右腿，膝微屈；右臂屈肘收至腹前，左臂向下經體前、經右臂上方向右上方擺起；目視前方。（圖 4-1）

圖 4-2

第一段

（2）身體左轉；左腳跟內轉落地，重心移至左腿，腿伸直並獨立支撐，右腿屈膝抬起，小腿內收；左臂隨體轉向上、向下立圓擺至左胯旁，掌心斜向下；右手向下、向右上擺起至頭部右上方握拳，拳心向左；目視前方。（圖 4-2）

圖 4-3

第一段

（3）右腳向左腳內側地面下落震踏，兩腿同時屈膝下蹲；左臂擺至腹前，掌心向上，右臂外旋屈肘向下，用右拳背砸擊左掌心；目視右拳。（圖4-3）

21

圖 5-1

第一段

5. 騰空外擺蓮

（1）身體右轉；左腳向右前方上步，腳尖微內扣；兩臂分別向左、右兩側下擺。（圖5-1）

圖 5-2

第一段

　（2）右腳向右弧形上步，腳尖外展；左
臂前擺，右臂後擺。（圖 5-2）

圖 5-3

第一段

（3）右腳蹬地向上跳起，身體向右後轉，左腿向右前上方擺起；當身體騰空時，兩臂上擺至頭部前上方，左掌心拍擊右掌背。（圖 5-3）

圖 5-4

第一段

（4）左腿屈膝提收，右腿向左上擺起經面前向右外擺，腳面繃平，腳尖微內扣；當右腳擺至面前時左、右掌依次擊拍右腳面；目視右腳。（圖5-4）

圖6

第一段

6. 弓步盤肘

　　兩腳同時落地，左腿挺膝伸直，右腿屈膝半蹲成右弓步；右臂伸直擺至體右後方，右手握拳，拳心向下，微高於肩，左臂屈肘收至左胸前，拳面向右，拳心向下；頭向左轉，目視前方。（圖6）

圖 7-1

第一段

7. 彈腿壓拳

（1）左腳向右腳前上步，腳尖外展，並屈膝半蹲；左臂外旋伸直，虎口向上平擺向左側，右臂下落至體前，右拳經腹前上提、外翻，拳心向上；目視前方。（圖7-1）

27

圖 7-2

第一段

　（2）左腿微屈獨立支撐，右腿屈膝抬
起，腳面繃平，向前上彈出，腳高於胯；右拳
下壓於右大腿內側；目視右腳。（圖 7-2）

圖 8-1

第一段

8. 單拍腳

（1）右腳向左前方落步，腳尖外展；兩拳變掌，兩臂同時向左、右分開上擺；頭向左轉，目視前方。（圖 8-1）

29

圖 8-2

第一段

　　（2）左腳向右腳前上步；兩臂擺至頭前上方立圓交叉（左臂在內，右臂在外），然後再下擺至腹前分開，左臂向前、右臂向後擺起，虎口均向上；目視左掌。（圖 8-2）

圖 8-3

第一段

　　（3）右腳向前上步；兩臂動作不變；目
視前方。（圖 8-3）

圖 8-4

　　（4）左腳向前上步，重心移至左腿；兩
臂向前上擺至頭部前上方，左掌心拍擊右掌
背；目視前方。（圖8-4）

圖 8-5

第一段

（5）左腳蹬地向上跳起，右腳面繃平直腿上擺至面前；右掌心拍擊右腳面，左臂向上擺至左上方，掌心向外；目視右腳。（圖8-5）

33

圖 9-1

第一段

9.墊步提膝橫拳

（1）左腳落地；兩臂分別向左、右側下
落。（圖 9-1）

圖 9-2

第一段

（2）身體左轉，右腳向左腳前落步；目
視前方。（圖9-2）

圖 9-3

第一段

（3）左腳向前上步；右臂屈肘，右手握拳擺至胸前，虎口向上，左臂向左平擺，左掌虎口向上，指尖向左；頭向左轉，目視前方。（圖 9-3）

36

圖 9-4

第一段

　（4）重心移至左腿；左腳蹬地跳起，右
腿向體左側屈膝抬起，小腿內收，腳面繃平；
上體右轉；右臂向體右側平擺，拳眼向上，拳
面向右，左臂屈肘，左掌擺至右肩前，指尖向
上；頭向右轉，目視前方。（圖 9-4）

37

圖 10-1

第一段

10. 擊步騰空飛腳

（1）左腳落地支撐，右腳向左腳前落步；右拳變掌向上、向左擺至體前與左臂交叉；頭向左轉，目視前方。（圖 10-1）

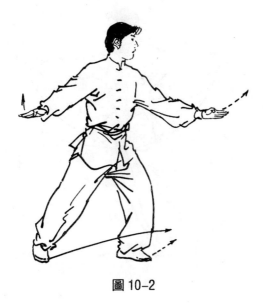

圖 10-2

第一段

（2）左腳向前上步，兩臂下落經腹前分
別向前後上方直臂擺起，兩掌虎口均向上；目
視前方。（圖 10-2）

圖 10-3

第一段

　　（3）左腳蹬地向上跳起，右腳在空中碰擊左腳內側；兩臂向上水平擺起；目視前方。（圖 10-3）

圖 10-4

第一段

　　（4）右、左腳依次向前落步；左臂向
下、向後，右臂向下、向前擺起；目視前方。
（圖 10-4）

圖 10-5

第一段

　　（5）右腳向前上步；左臂向前上擺至頭部前上方，右臂向上、向後立圓擺至體右後方；目視前方。（圖 10-5）

圖 10-6

第一段

（6）右腳蹬地向上跳起，左腿向前上擺起；右臂向前擺至頭部前上方，左掌心拍擊右掌背；目視前方。（圖 10-6）

圖 10-7

第一段

　　（7）在空中，左腿屈膝，小腿內收，腳面繃平，右腿伸直向前上擺起；當右腳高過肩時右掌心拍擊右腳面，左臂微屈下落至胸前，指尖向上；目視前方。（圖 10-7）

圖 11-1

第一段

11. 旋風腳劈叉

（1）擊響後右腿快速下擺，左腿提膝；左掌向左前方推出，臂伸直，指尖向上，右手握拳屈肘收至腰右側，拳心向上；目視左掌前方。（圖 11-1）

45

圖 11-2

第一段

　　（2）右腳落地，左腳向前落步，腳尖外
展；左臂下擺，右臂向後上擺起。（圖 11-
2）

圖 11-3

第一段

（3）右腳向前上步，腳尖微內扣，兩腿微屈下蹲；身體微左轉，同時兩臂向右下擺。（圖 11-3）

圖 11-4

第一段

　　（4）身體向左上翻轉；右腳蹬地向上跳
起，左腿向左後上方擺起；兩手臂隨轉身向左
上立圓掄擺。（圖 11-4）

圖 11-5

第一段

（5）在空中，左腿屈膝提起；右腿向上經面前向左掄擺，當腳擺至面前時，左掌心迎擊右腳前腳掌；目視右腳。（圖 11-5）

圖 11-6

第一段

（6）身體繼續左轉；右腿就勢下落；兩臂屈肘，兩掌收至腰兩側，掌心向上。（圖11-6）

圖 11-7

第一段

（7）兩腳同時前後分開落地成劈叉，左腿在前，腳尖勾起，右腿在後，腳面繃平；兩臂向身體左、右兩側平行伸開，兩掌指尖向上；目視前方。（圖 11-7）

註：男子旋風腳之前上兩步；女子可上四步接做旋風腳。

51

圖 12-1

第一段

12. 震腳砸拳

（1）上體右轉，同時兩腳蹬地向上跳起並內收落地；頭向右轉，目視前方。（圖 12-1）

圖 12-2

第一段

　（2）上體微向右轉，左腳向左撤半步，前腳掌著地；右臂屈肘，收至腹前，左臂向下經體前、經右臂上方向右擺起；目視左掌。（圖 12-2）

53

圖 12-3

（3）身體左轉；左腳跟內轉落地，重心移至左腿，左膝伸直並獨立支撐，右腿屈膝向上抬起，小腿內收；左臂隨體轉經上、向下立圓擺至左胯旁，掌心斜向下，右手握拳經下、向右、向上擺至頭部右側上方，拳心向左；目視前方。（圖 12-3）

54

圖 12-4

第一段

　　（4）右腳向左腳內側地面下落震踏，兩腿同時屈膝下蹲；左臂擺至腹前，掌心向上，右臂外旋，屈肘向下，用右拳背砸擊左掌心；目視右拳。（圖 12-4）

圖 13-1

第一段

13. 跳蓋步沖拳

（1）兩腳蹬地向上跳起，右腿微向右擺；右前臂內旋，拳心向下、向右平行畫弧至體右側，左臂屈肘，左掌內旋經腹前向左後方平行畫弧至體左側；目視前方。（圖 13-1）

圖 13-2

第一段

　（2）左腳落地支撐，右腳經體前向左側蓋步落地，腳尖微外展，右腿屈膝半蹲，左腿伸直；左掌向前、向右平擺至右肩前，掌心向右，指尖向上，右拳向右後畫弧經右腰側向右前沖出，拳眼向上，高與肩平；目視右拳。（圖 13-2）

圖 14-1

第一段

14. 單拍腳

（1）身體左轉；左腳向前上步；同時右拳變掌，左掌向下、經腹前向上擺起，虎口向上，指尖向前；頭向左轉，目視左掌。（圖14-1）

圖 14-2

第一段

（2）右腳向前上步；左手臂向前上擺，右臂下擺；目視前方。（圖 14-2）

圖 14-3

第一段

（3）左腳向前上步；左臂向上擺至頭部
前上方，掌心向前，指尖向上，右臂向前上擺
起，在頭前上方，左掌心拍擊右掌背；目視前
方。（圖 14-3）

圖 14-4

第一段

　（4）左腿支撐，右腿伸直，腳面繃平向前上方擺起；當右腳擺至面前時右掌心拍擊右腳面，左臂上擺，掌心斜向前；目視右腳。（圖 14-4）

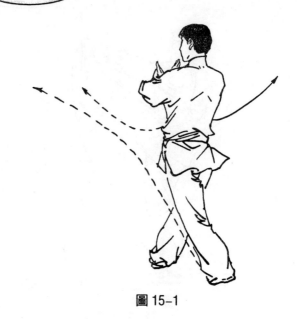

圖 15-1

第一段

15. 側踹腿推掌

（1）身體左轉，右腳經左腳前向左落地，腳尖外展，屈膝半蹲；兩臂分別向下、在腹前交叉上擺至胸前成十字掌，右掌在外，左掌在內，掌心向外，指尖向上；頭向左轉，目視前方。（圖 15-1）

圖 15-2

第一段

（2）重心移至右腿並伸直獨立支撐；上
體向右側傾，左腿由左側屈膝向上抬起，勾腳
尖向左側上方蹬出，腳高於腰；兩臂屈肘，兩
掌收經左、右腰側，再向左、右兩側伸臂推出
，掌心向外，高與肩平；目視左腳。（圖 15-
2）

63

圖 16-1

第一段

16.震腳砸拳

（1）右腿微屈，左腳向左側落步，前腳掌著地；右臂屈肘，右掌收至腹前，左臂向下經腹前向右上擺起；頭向右轉，目隨視左掌。（圖 16-1）

圖 16-2

第一段

　（2）身體左轉；左腳跟內轉落地，重心
移至左腿，左腿伸直並獨立支撐，右腿屈膝提
起；小腿內收；右臂經腹前向右、向上立圓擺
至頭部右上方握拳，臂微屈，左臂隨體轉經上
向左、向下立圓擺至體左側；頭向左轉；目視
前方。（圖 16-2）

65

圖 16-3

第一段

　　（3）右腳向左腳內側地面下落震踏，兩腿同時屈膝下蹲；左臂擺至腹前，掌心向上，右臂屈肘向下用右拳背砸擊左掌心；目視右拳。（圖16-3）

圖 17–1

第一段

17. 弓步沖拳

　　（1）左腳向前上步屈膝半蹲，右腿伸直
成左弓步；左掌變拳收抱至左腰側，拳心向上
，右前臂內旋向前沖出，拳心向下，拳面向
前，高與肩平；目視前方。（圖 17–1）

67

圖 17-2

第一段

　　（2）下肢動作不變；右臂外旋，右拳收
抱至右腰側，拳心向上，左臂內旋向前沖出，
拳心向下，高與肩平；目視前方。（圖 17-
2）

圖 18

第一段

18. 弓步貫拳

下肢動作不變；上體微右轉向左側傾；左
拳變掌，右臂向後伸直，右拳經前、向左弧形
擺至頭部左前上方與左掌心相擊，拳眼向下；
目視右拳。（圖18）

69

圖 19

第一段

19. 前點步亮掌

　　重心右移，右腿直立支撐，左腳抬起向右腳前落步，腳尖著地；右拳變掌，兩臂外旋屈肘收至腹前，掌心向上，然後分別向體兩側分開，左手上擺至體左側，掌上翹沉腕，指尖向上，高與肩平，右掌上擺至體右上方抖腕亮掌，指尖向左，頭向左轉；目視前方。（圖19）

圖 20-1

第二段

20. 弧形步裡合拍腳

（1）身體右轉；右腳跟離地，腳前掌支撐，左腿屈膝抬起，小腿內收，腳面繃平；左臂外旋屈肘，左掌收至左腰側，掌心向上；目視前方。（圖 20-1）

71

圖 20-2

第二段

（2）左腳向右前落步，腳尖外展；右臂
下落至體右側，左臂經體前向右前方伸出，掌
心向上，指尖向前；目視左掌前方。（圖 20-
2）

圖 20-3

第二段

　（3）身體微向左轉；右腳經左腳前向左
前方弧形上步，腳尖微內扣；左臂內旋，掌心
翻轉向外並向左平擺；目視左掌前方。（圖
20-3）

圖 20-4

第二段

　　（4）左腳向左弧形上步，腳尖微外展；
上肢動作不變；目視左掌前方。（圖 20-4）

圖 20-5

第二段

（5）右腳向左前方弧形上步，腳尖微內扣；上肢動作不變；目視左掌前方。（圖 20-5）

圖 20-6

第二段

（6）左腳向左前方上步，腳尖外展；上體左轉；兩臂向左平擺；目視前方。（圖 20-6）

圖 20-7

第二段

（7）左腳蹬地向上跳起，右腿經體前向
左上方裡合擺起，腳尖勾起並內扣；在空中，
左掌心迎擊右腳掌，右臂伸直；目視右腳。
（圖 20-7）

圖 21-1

第二段

21. 墊步旋子

（1）在空中，身體繼續左轉約 180°；右腿下擺，左腿屈膝抬起；左臂內旋屈肘，掌心向下置於胸前；頭向左轉，目視前方。（圖21-1）

78

圖 21-2

第二段

（2）身體繼續左轉，右、左腳依次向前
落步，左腳尖微外展；兩臂繼續向左平擺，兩
掌心向下；目視前方。（圖 21-2）

圖 21-3

第二段

　　（3）右腳向左斜前方上步，腳尖內扣；身體向左後轉；兩臂繼續向左後平擺。（圖21-3）

圖 21-4

第二段

　（4）兩臂在頭上向左平繞一周後，身體
前俯；左腳向後擺起，右腳向後墊步跳，腿微
屈。（圖 21-4）

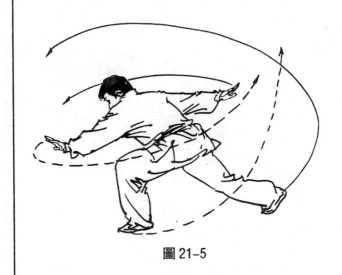

圖 21-5

第二段

（5）左前腳掌下落著地，腳跟內轉著地並屈膝，重心移至左腿，上體前俯向左後平擺，兩臂隨之向左後擺動。（圖 21-5）

圖 21-6

第二段

（6）身體繼續向左後擰轉；左腳蹬地，右腿向後上擺起，左腿隨之擺起；兩臂隨轉體向左後擺；頭向左轉。（圖 21-6）

83

圖 22-1

第二段

22. 直身前掃腿

（1）右腳落地，右腿屈膝半蹲，左腿擺
至右腳後落地；兩臂隨之下落。（圖 22-1）

圖 22-2

第二段

　（2）左腳以腳跟為軸，腳尖外展，重心移至左腿並屈膝下蹲，右腿伸直；身體左轉；兩臂隨轉體向左平擺；目視前方。（圖 22-2）

85

圖 22-3

第二段

（3）以左腳前掌為軸，身體向左後轉動，隨之右腿伸直平仆向左掃轉 450°；兩臂隨轉體平擺；目視前方。（圖 22-3）

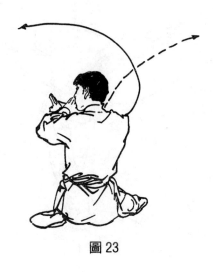

圖 23

第二段

23. 坐盤十字掌

　　上體向左後轉一周；兩腿交叉疊攏下坐，臀部和右腿的大小腿外側及腳面均著地；兩臂隨轉體向左平擺至胸前，兩掌十字交叉，右掌在外，指尖均向上；頭向左轉，目視前方。（圖23）

87

圖 24-1

第二段

24. 上步穿掌

（1）重心上移，兩腿伸直，身體向右後轉 180°；右腳向右後撤步，腳前掌著地；兩臂分別經上向左、右兩側分開；目視前方。（圖 24-1）

88

圖 24-2

第二段

（2）右腳向前上步並屈膝半蹲；左臂向
後、向下擺至體右後方時屈肘，左掌收至左腰
側，掌心向上，指尖向前，右掌向後、向下經
右腰側向前直臂伸出，掌心向上，指尖向前，
高與肩平；目視前方。（圖 24-2）

89

圖 24-3

第二段

　　（3）左腳向右腳前上步，腳尖內扣；左
掌經右掌心上向前上方穿出，臂內旋，虎口向
上，右臂內旋，屈肘收至腹前；目視左掌。
（圖 24-3）

圖 25-1

第二段

25. 掄臂翻身

（1）右腳經左腳後向左側落步，腳前掌著地；身體向右上翻轉；右臂向下經體前向右上立圓擺起，左臂向下立圓擺動；頭向右上轉，目視右掌。（圖 25-1）

91

圖 25-2

第二段

（2）兩腳以腳前掌為軸，身體繼續向右
上翻轉；兩臂隨轉體向右立圓掄擺一周，右臂
擺至體右後方，左臂擺至體前；目視左前方。
（圖 25-2）

圖 25-3

第二段

（3）左腿屈膝向上提起，右腿獨立支撐，右腳跟離地提起，以腳前掌為軸，身體向左上翻轉；兩臂伸展隨轉體立圓掄擺。（圖25-3）

93

圖 25-4

第二段

　（4）身體繼續向左下翻轉，右腿屈膝半
蹲，左腳向右腳前落步，腳尖外展；左臂隨體
轉立圓擺至體左側上方，右臂立圓下擺至體右
側下方；頭向左轉，目視前方。（圖 25-4）

圖 26-1

第二段

26. 弓步劈拳

（1）左腿伸直左腳跟離地，並獨立支
撐，右腿屈膝抬起；小腿內收，右腳貼靠左
腿；左臂向上擺至頭部左上方，右掌變拳經體
前向左上擺至頭部左上方與左掌心相擊；頭向
右轉，目視前方。（圖 26-1）

95

圖 26-2

第二段

（2）右腳向右前落步並屈膝半蹲，左腿伸直成右弓步；左手握拳從體左側下落收抱至左腰側，拳心向上，右手握拳直臂向前下落虎口向上，高與肩平；目視前方。（圖 26-2）

圖 27

第二段

27. 馬步壓肘

　　右腳尖微向內扣，左腳微內收，左腿屈膝半蹲成馬步；右臂外旋屈肘，右拳下壓至腹前；目視右拳。（圖 27）

97

圖 28-1

第二段

28. 震腳砸拳

（1）重心右移，身體右轉，左腿伸直；右臂內旋，右拳變掌向下伸出，左臂向下伸直，左拳變掌經腹前右前臂上向右上擺起，頭向右轉，目視左掌。（圖 28-1）

圖 28-2

第二段

（2）身體左轉 180°；左腳跟內轉落地，
重心移至左腿並獨立支撐，右腿屈膝抬起，小
腿內收，腳面繃平；右臂經下、向右、向上立
圓擺至頭部右上方握拳，臂微屈，拳心向左；
左臂隨轉體向上、向左下立圓擺至左胯旁；頭
向左轉，目視前方。（圖 28-2）

99

圖28-3

第二段

（3）右腳向左腳內側地面下落震踏，兩腿同時屈膝下蹲；左臂擺至腹前，掌心向上，右臂外旋屈肘向下用右拳背砸擊左掌心；目視右拳。（圖28-3）

圖 29

第二段

29. 併步推掌

兩腿伸直；右拳變掌，兩前臂內旋，兩掌同時向身體左右兩側平行推出，高與肩平，掌心向外，指尖向上；目視前方。（圖29）

圖 30-1

第二段

30. 上步正踢腿

　　（1）左腳向前上步，重心前移，上肢動
作不變。（圖 30-1）

圖 30-2

第二段

（2）左腿直立支撐，右腳勾腳尖直腿向頭部擺踢；目視前方。（圖 30-2）

圖 31-1

第二段

31. 燕式平衡

（1）右腿下落（不著地），上肢動作不
變。（圖 31-1）

圖 31-2

第二段

（2）右腳向前落步，左腳收至右腳內側，腳尖點地，兩腿屈膝半蹲；兩掌向內收至胸前交叉，右掌在外，左掌在內，兩掌心均向外，指尖向上；目視前方。（圖 31-2）

圖31-3

第二段

（3）上體前俯；右腿伸直獨立支撐，左腿屈膝向後抬起，再向後上方伸直，腳面繃平，腳高於頭；兩掌同時向左右兩側分開，高與肩平，掌心向外，指尖斜向上；頭微向上抬，目視前方。（圖31-3）

註：燕式平衡屬持久性平衡，靜止時間不得少於2秒。

圖 32-1

第三段

32. 蓋步翻身

（1）左腳向左側落步，腳尖外展；兩臂向下擺至體前交叉，右臂在外，左臂在內，兩掌指尖均向下；目視右掌。（圖 32-1）

107

圖 32-2

第三段

（2）左腿支撐，右腿微向右側上擺；右
臂經左、向上立圓擺至頭部右上方，左臂向
下、向左立圓擺至體左側，兩臂展開。（圖
32-2）

圖 32-3

第三段

　（3）身體向左轉；右腳經左腳前向左側
落步，腳前掌著地，腳尖向前；左臂向左、向
上，右臂向右、向下立圓掄擺。（圖 32-3）

109

圖 32-4

第三段

　（4）以兩腳前腳掌為軸，身體向左翻轉；兩臂隨轉體向上、向下立圓掄擺。（圖32-4）

圖 32-5

第三段

（5）左腳向左側落步，腳尖外展；兩臂
繼續向上、向下立圓掄擺，左臂擺至體左上
方，右臂擺至右胯旁，目視前方。（圖 32-
5）

圖 32-6

第三段

（6）右腳收至左腳內側；兩腳跟提起，
腳前掌支撐；右掌經體前向左上擺至頭部前上
方，掌背與左掌心相擊；目視前方。（圖 32-
6）

圖 33-1

第三段

33. 墊步提膝穿掌

（1）身體右轉；右腳向前方上步；左臂前擺，右掌向後擺至體右後方，掌心向下；目視前方。（圖 33-1）

113

圖 33-2

第三段

（２）身體微向左轉；左腳向右前弧形上
步，腳尖微內扣；左臂向下經體左側立圓擺至
左後上方，右臂向下經體右側向前上立圓擺
起；目視前方。（圖 33-2）

114

圖 33-3

第三段

（3）右腳向右前方弧形上步；身體微向
右轉；左臂隨轉體向前下擺至體前上方。右臂
向上、向後立圓擺至右後方；目視前方。（圖
33-3）

圖 33-4

第三段

（4）左腳向前屈膝抬起，小腿內收，腳面繃平，右腳蹬地向前上墊步跳；右臂屈肘，右掌經右腰側向前穿出，掌心向上，指尖向前，掌高與胸平，左臂向下、向後擺至體左後方變勾手，指尖向上；目視前方。（圖33-4）

116

圖 34-1

第三段

34. 騰空轉身背腿跳

（1）右、左腳依次向前落步；左勾變掌，兩臂微下落；目視前方。（圖34-1）

117

圖 34-2

第三段

　（2）右腳向右前方上步，腳尖外展；左臂向前擺起，右臂向後擺起；目視前方。（圖34-2）

118

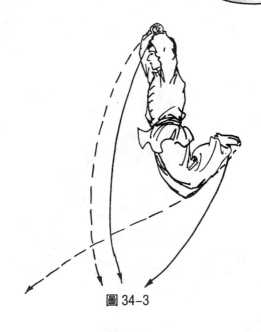

圖 34-3

第三段

（3）右腳向上蹬地跳起，左腿向前上擺
起；身體向右後轉 180°，在空中兩腿向後上擺
起，腿微屈；兩掌向上擺至頭上方，左掌心拍
擊右掌背；目視前方。（圖 34-3）

圖 35

第三段

35. 仆步雙拍掌

　　左腳向前，右腳向下同時落地，左腿伸直平仆，右腿屈膝全蹲成左仆步；兩掌心向左腿內側地面拍擊；目視兩掌。（圖 35）

圖 35 反

第三段

反面圖

圖 36-1

第三段

36. 弓步雙推掌

（1）重心上移，身體右轉，左腿伸直並獨立支撐，右腿屈膝抬起，腳面繃平；兩臂向上擺起至頭部前上方，左掌心拍擊右掌背；目視前方。（圖 36-1）

圖 36-2

第三段

　（2）右腳向左腳內側落地震踏，同時左
腿屈膝向上抬起；兩臂向前下落，兩掌分別收
至左右腰側，掌心向上，指尖向前；頭向右
轉，目視右掌。（圖 36-2）

圖 36-3

（3）左腳向前上步，左腿屈膝半蹲，右腿伸直成左弓步；兩臂內旋，兩掌向前推出，指尖向上，高與肩平；目視前方。（圖 36-3）

圖 37-1

第三段

37. 扶地後掃腿

（1）上體右轉前俯成右仆步；兩掌向右腿內側地面插落；目視右腳。（圖 37-1）

125

圖 37-2

第三段

（2）兩掌推地，以左腳掌為軸，右腳尖內扣，腳掌擦地向後平掃一周，右臂隨轉體擺至體前，左臂擺至體後；目視右掌。（圖 37-2）

圖 38-1

第三段

38. 仆步穿掌

（1）身體右轉；右腳跟內轉落地，重心右移，右腿屈膝半蹲，左腿伸直，右掌向上、向下立圓掄擺收至右腰側，掌心向上，指尖向前，左掌向上、向下擺至體前，臂微屈，掌心向下，指尖向右；目視左掌。（圖 38-1）

127

圖 38-2

第三段

　　（2）右掌經左手背上方向前上方穿出，掌心向上，指尖斜向上，左掌收至右腋下，掌心向下，指尖向右；目視右掌。（圖 38-2）

圖 38-3

第三段

（3）右腿全蹲成左仆步，上體前俯並左轉；右掌沿左腿內側向前穿出，臂伸直，虎口向上，指尖向前；頭向左轉，目視左掌。（圖38-3）

129

圖 39-1

第三段

39. 彈腿推掌

（1）左腿屈膝蹬起；重心前上移，右腳向前上蹬直，再向左腳前方上一步，膝微屈；左臂隨起身上擺，右臂稍下落至身體右側；目視前方。（圖 39-1）

圖 39-2

第三段

　（2）左腳向前上步，左臂屈肘，左掌收至左腰側，掌心向上，指尖向前，右臂經體右側向前上擺起，掌心向上，指尖向前；目視前方。（圖 39-2）

131

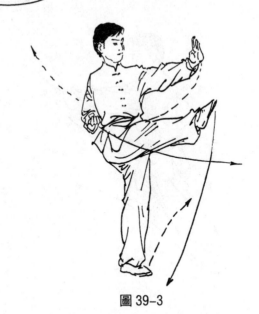

圖 39-3

第三段

（3）左腿獨立支撐，右腿屈膝抬起，小腿內收，腳面繃平向前彈出，腿伸直，腳高於胯；右臂屈肘，右手握拳收抱於右腰側，拳心向上，左掌臂向前推出，指尖向上；目視左掌。（圖 39-3）

圖40

第三段

40. 扣腿插掌

右腳向前落步，重心移至右腿並屈膝半蹲，左腿屈膝抬起，勾腳尖，腳面貼扣於右膝後；右拳變掌向前伸出，虎口向上，指尖向前，左臂向下經體左側向後上方擺起，虎口向上，指尖向後；目視右掌。（圖40）

133

圖 41-1

第三段

41. 單拍腳

　　（1）左腳向左前落步；左臂屈肘，左掌向腹前下方穿插，右臂向下、向前擺至體前與左臂交叉；目視前方。（圖41-1）

圖 41-2

第三段

（2）右腳向前上步；右臂繼續向上、向
後立圓擺至體右後方，虎口向上，指尖向後，
左臂向前上擺至體前上方，虎口向上，指尖向
前；目視前方。（圖 41-2）

圖 41-3

第三段

（3）左腳向前上步；左臂向上擺至頭部
前上方，右臂向下經體右側向前上立圓擺至頭
部前上方，左掌心拍擊右掌背；目視前方。
（圖 41-3）

136

圖 41-4

第三段

　（4）左腿支撐，右腿伸直，腳面繃平。
向前上擺起，當擺至面前時右掌心拍擊右腳
面，左臂舉於斜上方；目視右腳。（圖41-
4）

137

圖 42-1

第三段

42. 弓步頂肘

（1）右腳向左腳內側落步，同時左腿屈膝抬起；右臂向右下擺至體右側，臂伸直，掌心向下，指尖向右，左掌下落至右胸前，掌心向下，指尖向右；目視右掌。（圖 42-1）

圖 42-2

第三段

　（2）左腳向左側落步，左腿屈膝半蹲，右腿伸直成左弓步；左掌變拳，右臂屈肘，右掌心貼於左拳面，左肘尖向左側頂出；頭向左轉；目視前方。（圖 42-2）

139

圖 43

第三段

43.仆步插掌

上體右轉微前傾；左腿全蹲右腿平仆接近地面成右仆步；左拳收抱於左腰側，拳心向上，右掌沿右腿內側向前伸出，虎口向上，指尖向前；頭向右轉，目視右掌。（圖43）

圖 44-1

第四段

44. 歇步勾手亮掌

（1）重心前上移，左腿蹬直，右腿屈膝半蹲；右前臂外旋，掌心向上，向前平擺，左拳變掌向右經右前臂上方向前伸出，掌心向上，指尖向右前方；目視左掌。（圖 44-1）

圖44-2

第四段

　（2）重心左移，右腿抬起經左腿後向左側落步，前腳掌著地，兩腿交叉屈膝全蹲，臀部坐於右小腿接近腳跟處；左臂內旋，掌心翻轉向外經體前向左平擺至左後方變勾手，勾尖向上，右臂向左平行畫弧，經腹前屈肘向右擺至體右斜上方伸臂，並內旋抖腕亮掌，虎口斜向下，指尖向左；頭向左轉，目視前方。（圖44-2）

圖 45-1

第四段

45. 震腳砸拳

（1）重心上移，右腿支撐微屈，左腳抬起向左側落步，腳前掌著地；右臂屈肘下落至腹前，左勾變掌，左臂下落經體前右臂上向右擺出；頭向右轉，目視左掌。（圖 45-1）

143

圖 45-2

第四段

　　（2）身體左轉，左腳跟內轉落實，重心移至左腿並獨立支撐，右腿屈膝抬起，小腿內收，腳面繃平；右臂經腹前向右、向上立圓擺起至頭部右上方握拳，臂微屈，左臂向上、向左立圓擺至左胯旁，掌心斜向前；目視前方。（圖 45-2）

144

圖 45-3

第四段

（3）右腳向左腳內側下落震踏，兩腿同
時屈膝半蹲；左臂擺至腹前，掌心向上，右臂
屈肘向下用右拳背砸擊左掌心；目視右拳。
（圖 45-3）

145

圖 46-1

第四段

46. 提膝勾手亮掌

（1）右腳向後退步；左掌收擺至腹前，掌心向內，右拳變掌向前擺出；目視前方。（圖46-1）

圖 46-2

第四段

　（2）重心後移至右腿伸直並獨立支撐，
左腿屈膝抬起，小腿內收，腳面繃平；右掌向
上立圓擺至右後上方成勾手，勾尖向下，左臂
向前擺起沉腕挑掌，指尖向上；目視前方。
（圖 46-2）

圖 47-1

第四段

47. 轉身提膝推掌

（1）身體微左轉；左腳向前落步，腳尖
外展；右臂在頭上向左平擺，左臂向右平擺至
右腋下，掌心向下；頭向上仰，目視右手。
（圖 47-1）

148

圖 47-2

第四段

（2）右腳向左腳前上步，腳尖內扣；身
體左後轉；左臂隨體轉向左平擺一周，左掌下
按至體前，掌心斜向下，指尖向右，右臂在頭
上向左後平擺至體右側屈肘，右掌收於右腰側
，掌心向上，目視左掌。（圖 47-2）

149

圖 47-3

第四段

　　（3）重心後移，右腿伸直並獨立支撐，左腿屈膝抬起；右掌向前推出，指尖向上，掌高與肩平，左臂屈肘，左掌收至右肩前，掌心向右，指尖向上；目視右掌。（圖47-3）

圖 47-4

第四段

（4）身體向左轉；以右腳掌為軸腳跟向外碾轉，左掌經體前從左腰側向前推出，指尖向上，掌高與肩平；頭向左轉目視前方。（圖47-4）

151

圖 48-1

第四段

48. 墊步側空翻

（1）左腳向前落步，重心前移至左腿；上肢動作不變；目視前方。（圖 48-1）

圖 48-2

第四段

（2）右腳向前上步，重心前移至右腿；
上肢動作不變；目視前方。（圖 48-2）

圖 48-3

第四段

（3）左腳抬起，右腳向前墊跳一步，左
腳向前上步蹬地；上體向左下側傾；右腿向右
上擺起，兩臂自然擺動。（圖 48-3）

圖48-4

第四段

（4）左腳離地向上立圓擺起，兩腿在空中分開；身體在空中成倒立狀，兩臂隨之擺動。（圖48-4）

圖 49-1

第四段

49. 擊步斜拍腳

（1）右、左腳依次落地，右腿屈膝半
蹲，左腳前腳掌著地；身體上起，目視前方。
（圖 49-1）

圖 49-2

第四段

（2）重心左後移，身體左轉；右腳蹬地
向上跳起，在空中右腳向左腳內側碰擊；左臂
向上經體左側立圓擺至體後方，右臂向上擺
起；目視前方。（圖 49-2）

157

圖 49-3

第四段

（3）右、左腳依次向前落步；左臂向後
上方擺起，右臂向前下擺動；目視前方。（圖
49-3）

圖 49-4

第四段

　　（4）重心前移，左腳蹬地向上跳起，在
空中，右腿伸直，腳面繃平，向前上擺起；當
右腳擺至面前時，以左掌心拍擊右腳面，右臂
向右後擺起，指尖向後；目視右腳。（圖49-
4）

圖 50-1

第四段

50. 回身弓步沖拳

（1）左腳落地，右腳向後落步，前腳掌著地；左臂向下經體左側向後擺動，右臂向下經體右側向前上擺起；目視前方。（圖 50-1）

160

圖 50-2

第四段

（2）身體向右後轉 180°；右臂隨轉體向
上、向後立圓擺至身體右腰側抱拳，拳心向上
，左臂隨轉體向前、向上擺起至頭部前上方，
指尖向右；右腿屈膝抬起；目視前方。（圖
50-2）

161

圖 50–3

第四段

（3）右腳向左腳內側用力下落震踏，同時左腿屈膝抬起，腳面繃平；左臂下落至體前，掌心向下，指尖向右，目視前方。（圖50–3）

圖50-4

第四段

（4）左腳向前上步，左腿屈膝半蹲，右腿伸直成左弓步；右前臂內旋向前沖出，拳心向下，拳面向前，拳高與肩平，左掌變拳屈肘收於左腰側，拳心向上；目視前方。（圖50-4）

163

圖 50-5

第四段

（5）左弓步不變；身體微右轉，左前臂
內旋，左拳向前沖出，拳心向下，拳面向前，
右臂外旋屈肘，右拳收於右腰側；目視前方。
（圖 50-5）

164

圖 50-6

第四段

（6）身體右後轉 180°；左腳跟外展，左腿伸直，右腳跟內轉，右腿屈膝半蹲成右弓步；右臂內旋，右拳向前沖出，拳心向下，拳面向前，高與肩平，左臂動作不變；目視前方。（圖 50-6）

165

圖 51-1

第四段

51.震腳砸拳

（1）重心右上移，身體右轉，左腳向斜後方落步，右臂屈肘下擺至體前，左臂向下經體前右臂上向右上擺；目視左掌。（圖51-1）

圖 51-2

第四段

（2）重心後移，身體左轉；左腳跟內轉
落地，重心移至左腿伸直並獨立支撐，右腿屈
膝抬起，小腿內收，腳面繃平；左臂向上、向
左立圓擺至右胯旁，掌心斜向下，右掌握拳向
下、向右上方弧形擺起至頭部右上方握拳，拳
面向上，拳心向左；目視前方。（圖 51-2）

167

圖 51-3

第四段

（3）右腳向左腳內側地面下落震踏，兩腿同時屈膝半蹲；左臂擺至腹前，掌心向上，右臂屈肘向下用右拳背砸擊左掌心；目視右拳。（圖 51-3）

圖 52-1

第四段

52. 虛步架栽拳

（1）重心左上移，右腳向右斜後方退步；右拳收至右腰側，拳心向上，左掌向下、向前弧形擺起，掌心向上；目視左掌。（圖52-1）

圖 52-2

第四段

（2）重心後移，右腿獨立支撐，左腿屈膝抬起；左掌上擺，右拳變掌向右後上方擺起，掌心向上，指尖斜向後；頭向右轉，目視右掌。（圖 52-2）

圖 52-3

第四段

（3）右腿屈膝半蹲，左腳向左前方落
步，腳尖著地成左虛步；右掌變拳上擺至頭部
右上方，臂內旋並微屈，拳心斜向上，虎口斜
向下，左臂屈肘，左掌變拳向內、向下畫弧至
左膝上，拳面斜向下；頭向左轉，目視前方。
（圖 52-3）

171

圖 53-1

第四段

53. 丁字步按掌

（1）右腿支撐，左腳向後方撤步，腳前掌著地；兩拳變掌，左臂外旋，左掌收經左腰側後向前伸出，掌心向上，指尖向前，右掌向右後、向下畫弧繞至右腰側後，向前伸出，掌心向上，指尖向前，兩掌高與胸平；目視前方。（圖 53-1）

圖53-2

第四段

（２）重心後移，右腳向右斜後方退步，腳尖微外展，身體微右轉，兩臂下落然後向左、右兩側分開上擺至體左、右兩側，兩掌心均向上，頭向右轉，目視右掌。（圖53-2）

圖 53–3

第四段

（3）右腿伸直支撐，左腳跟收至右腳內側成丁字步；兩臂同時上擺至頭上方後屈肘兩掌分別下按至體左、右兩側胯旁，掌心向下，臂微屈，頭向左轉，目視左前方。（圖 53–3）

174

圖 54-1

第四段

54. 收勢

（1）左腳向前上步，兩臂伸直，兩掌下落至體左右兩側，掌心向內，指尖向下；頭微向右轉正，目視前方。（圖 54-1）

175

圖 54-2

第四段

（2）右腳向前收並至左腳內側；目視前
方。（圖 54-2）

全套動作演示

177

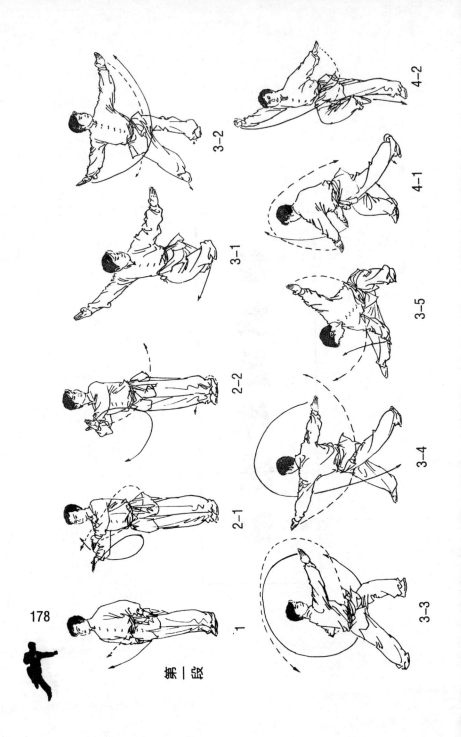

第一段

5-4

8-2

5-3

8-1

5-2

7-2

5-1

7-1

4-3

6

179

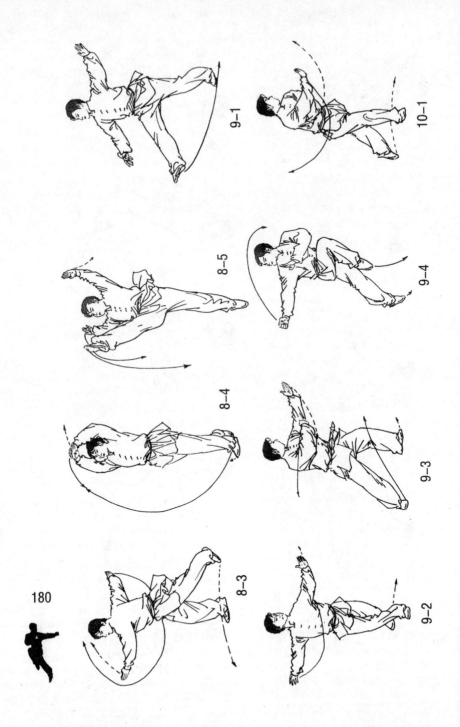

9-1

10-1

8-5

9-4

8-4

9-3

180

8-3

9-2

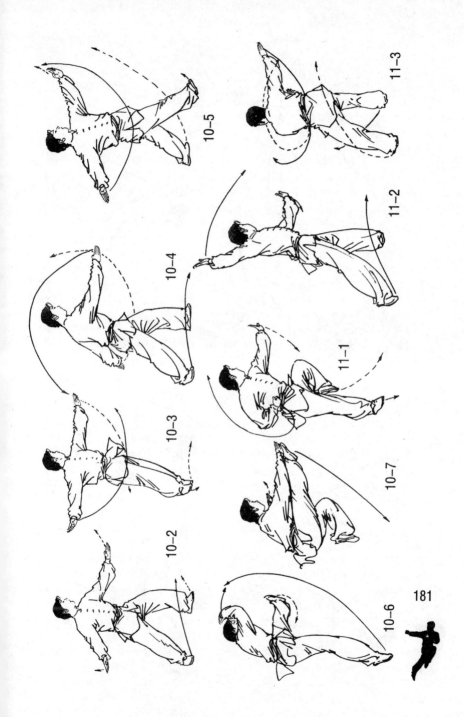

10-5

11-3

10-4

11-2

10-3

11-1

10-7

10-2

10-6

181

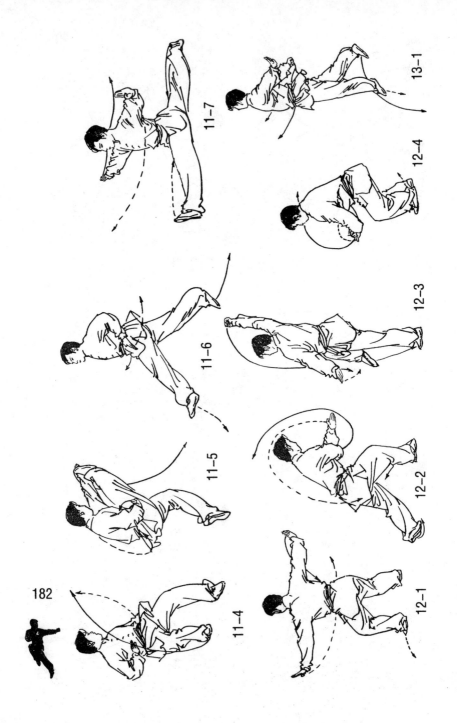

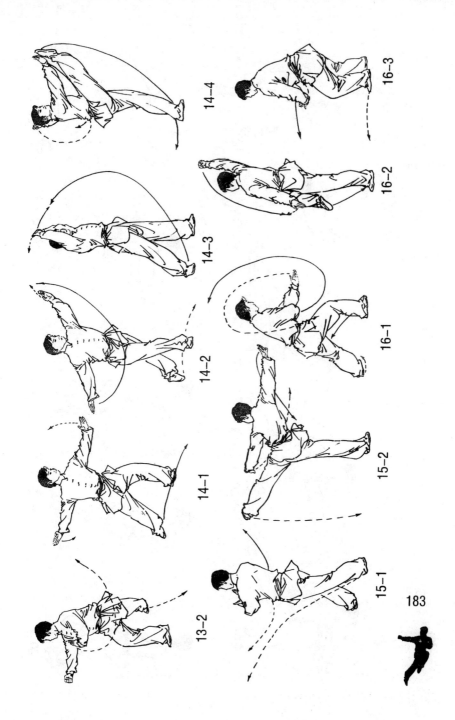

14-4

16-3

14-3

16-2

14-2

16-1

14-1

15-2

13-2

15-1

183

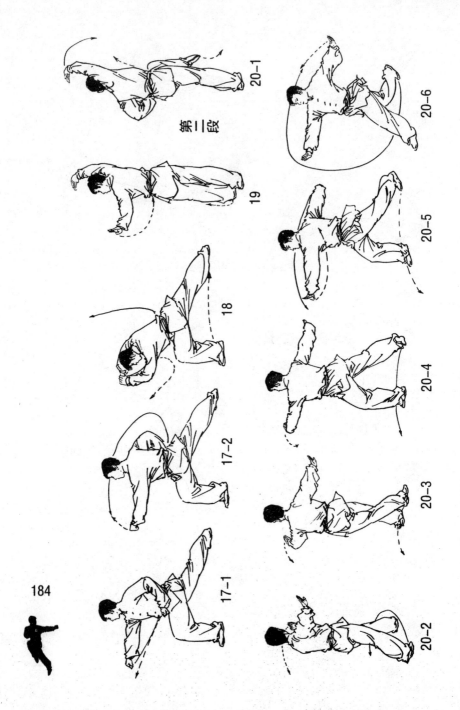

第二段

20-1

19

18

17-2

17-1

20-6

20-5

20-4

20-3

20-2

184

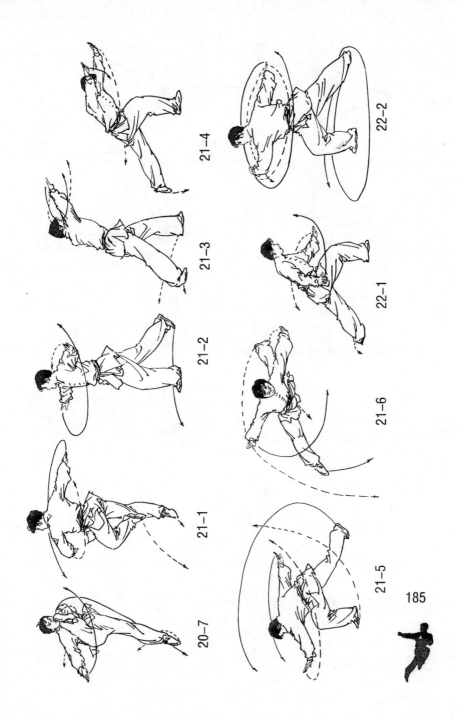

21-4

21-3

21-2

21-1

20-7

22-2

22-1

21-6

21-5

185

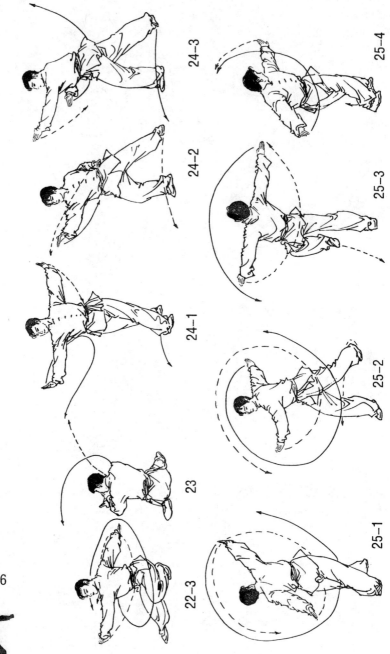

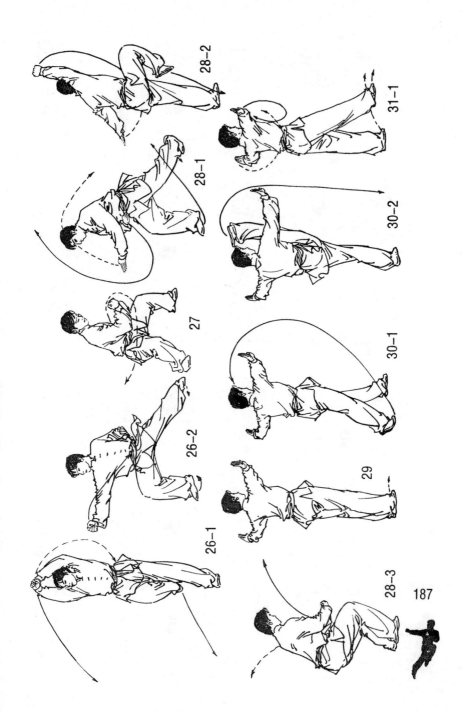

28-2

28-1

31-1

30-2

27

30-1

26-2

26-1

29

28-3

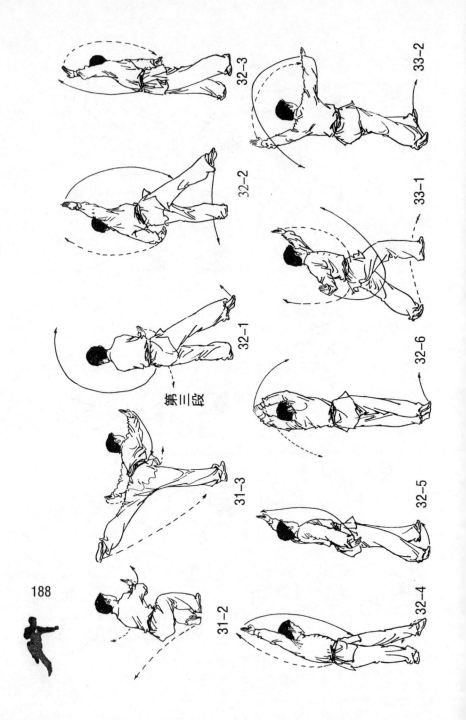

第三段

31-2

31-3

32-1

32-2

32-3

32-4

32-5

32-6

33-1

33-2

188

34-2

36-2

34-1

36-1

35 反

33-4

35

33-3

34-3

189

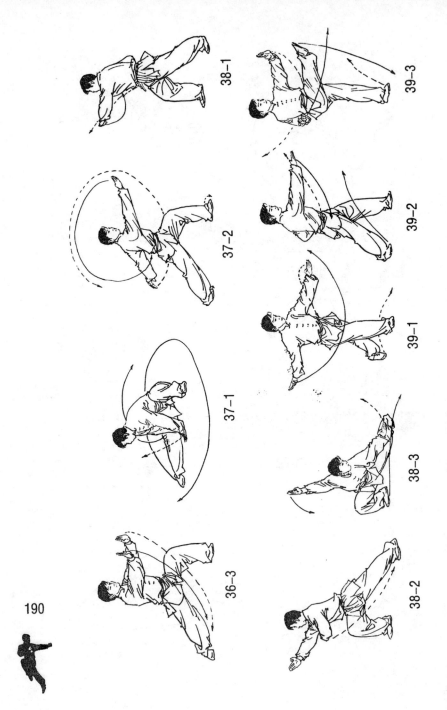

38-1

39-3

37-2

39-2

39-1

37-1

38-3

36-3

38-2

190

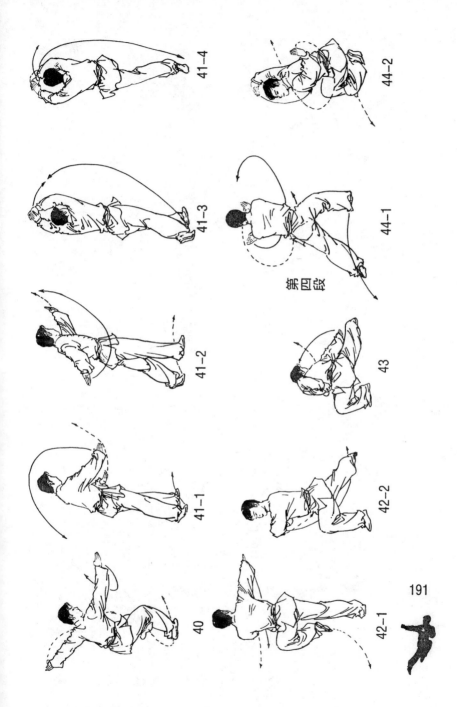

第四段

191

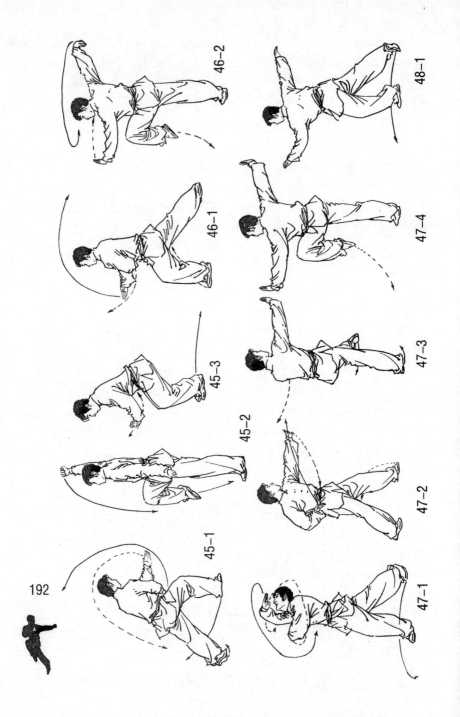

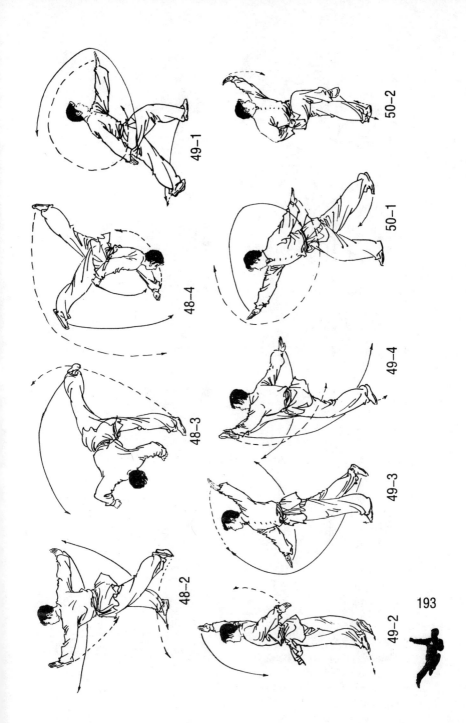

49-1

50-2

48-4

50-1

48-3

49-4

49-3

48-2

49-2

193

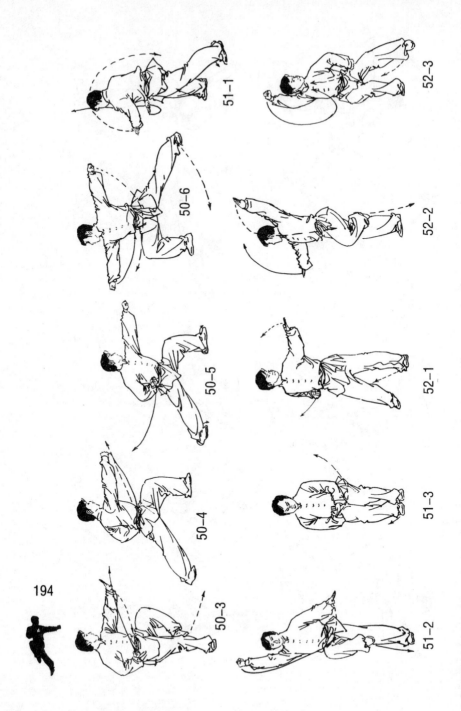

194

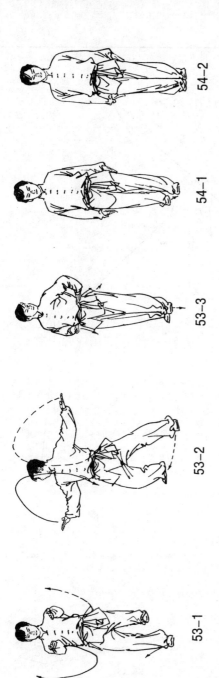

54-2   54-1   53-3   53-2   53-1

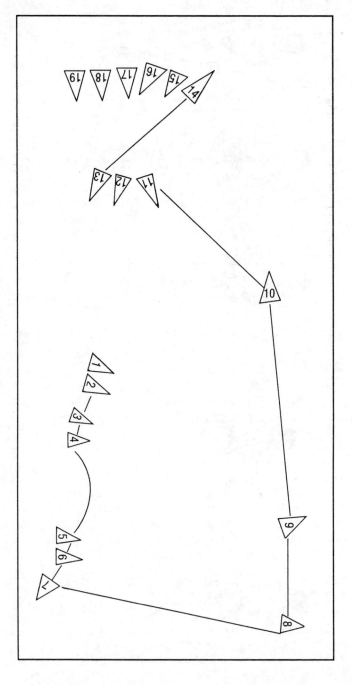

第一段 動作路線示意圖

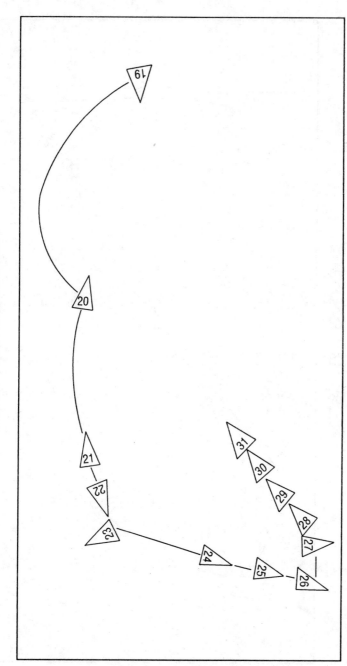

第二段 動作路線示意圖

197

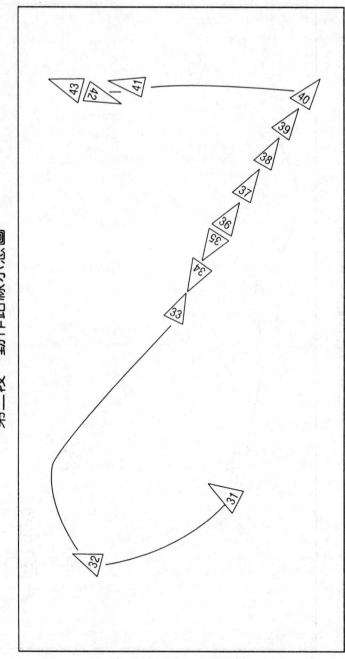

第三段 動作路線示意圖

第四段　動作路線示意圖

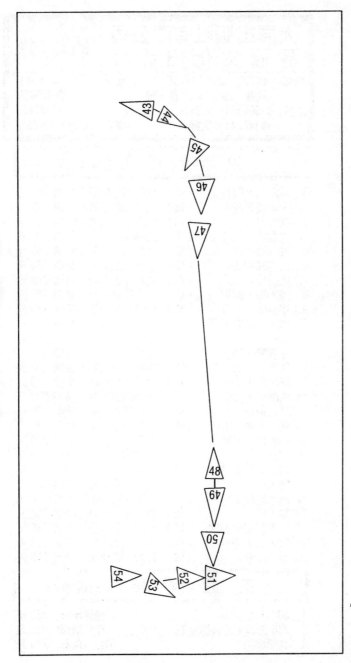

大展出版社有限公司
品冠文化出版社

圖書目錄

地址：台北市北投區(石牌)　　電話： (02) 28236031
　　　致遠一路二段 12 巷 1 號　　　　　 28236033
郵撥：01669551＜大展＞　　　　　　　　28233123
　　　19346241＜品冠＞　　　傳真： (02) 28272069

・少 年 偵 探・ 品冠編號 66

1.	怪盜二十面相	（精）	江戶川亂步著	特價	189 元
2.	少年偵探團	（精）	江戶川亂步著	特價	189 元
3.	妖怪博士	（精）	江戶川亂步著	特價	189 元
4.	大金塊	（精）	江戶川亂步著	特價	230 元
5.	青銅魔人	（精）	江戶川亂步著	特價	230 元
6.	地底魔術王	（精）	江戶川亂步著	特價	230 元
7.	透明怪人	（精）	江戶川亂步著	特價	230 元
8.	怪人四十面相	（精）	江戶川亂步著	特價	230 元
9.	宇宙怪人	（精）	江戶川亂步著	特價	230 元
10.	恐怖的鐵塔王國	（精）	江戶川亂步著	特價	230 元
11.	灰色巨人	（精）	江戶川亂步著	特價	230 元
12.	海底魔術師	（精）	江戶川亂步著	特價	230 元
13.	黃金豹	（精）	江戶川亂步著	特價	230 元
14.	魔法博士	（精）	江戶川亂步著	特價	230 元
15.	馬戲怪人	（精）	江戶川亂步著	特價	230 元
16.	魔人銅鑼	（精）	江戶川亂步著	特價	230 元
17.	魔法人偶	（精）	江戶川亂步著	特價	230 元
18.	奇面城的秘密	（精）	江戶川亂步著	特價	230 元
19.	夜光人	（精）	江戶川亂步著	特價	230 元
20.	塔上的魔術師	（精）	江戶川亂步著	特價	230 元
21.	鐵人Q	（精）	江戶川亂步著	特價	230 元
22.	假面恐怖王	（精）	江戶川亂步著	特價	230 元
23.	電人M	（精）	江戶川亂步著	特價	230 元
24.	二十面相的詛咒	（精）	江戶川亂步著	特價	230 元
25.	飛天二十面相	（精）	江戶川亂步著	特價	230 元
26.	黃金怪獸	（精）	江戶川亂步著	特價	230 元

・生 活 廣 場・ 品冠編號 61

1.	366 天誕生星	李芳黛譯	280 元
2.	366 天誕生花與誕生石	李芳黛譯	280 元
3.	科學命相	淺野八郎著	220 元

4.	已知的他界科學	陳蒼杰譯	220元
5.	開拓未來的他界科學	陳蒼杰譯	220元
6.	世紀末變態心理犯罪檔案	沈永嘉譯	240元
7.	366天開運年鑑	林廷宇編著	230元
8.	色彩學與你	野村順一著	230元
9.	科學手相	淺野八郎著	230元
10.	你也能成為戀愛高手	柯富陽編著	220元
11.	血型與十二星座	許淑瑛編著	230元
12.	動物測驗─人性現形	淺野八郎著	200元
13.	愛情、幸福完全自測	淺野八郎著	200元
14.	輕鬆攻佔女性	趙奕世編著	230元
15.	解讀命運密碼	郭宗德著	200元
16.	由客家了解亞洲	高木桂藏著	220元

・女醫師系列・ 品冠編號 62

1.	子宮內膜症	國府田清子著	200元
2.	子宮肌瘤	黑島淳子著	200元
3.	上班女性的壓力症候群	池下育子著	200元
4.	漏尿、尿失禁	中田真木著	200元
5.	高齡生產	大鷹美子著	200元
6.	子宮癌	上坊敏子著	200元
7.	避孕	早乙女智子著	200元
8.	不孕症	中村春根著	200元
9.	生理痛與生理不順	堀口雅子著	200元
10.	更年期	野末悅子著	200元

・傳統民俗療法・ 品冠編號 63

1.	神奇刀療法	潘文雄著	200元
2.	神奇拍打療法	安在峰著	200元
3.	神奇拔罐療法	安在峰著	200元
4.	神奇艾灸療法	安在峰著	200元
5.	神奇貼敷療法	安在峰著	200元
6.	神奇薰洗療法	安在峰著	200元
7.	神奇耳穴療法	安在峰著	200元
8.	神奇指針療法	安在峰著	200元
9.	神奇藥酒療法	安在峰著	200元
10.	神奇藥茶療法	安在峰著	200元
11.	神奇推拿療法	張貴荷著	200元
12.	神奇止痛療法	漆浩著	200元

・常見病藥膳調養叢書・ 品冠編號 631

1. 脂肪肝四季飲食	蕭守貴著	200 元
2. 高血壓四季飲食	秦玖剛著	200 元
3. 慢性腎炎四季飲食	魏從強著	200 元
4. 高脂血症四季飲食	薛輝著	200 元
5. 慢性胃炎四季飲食	馬秉祥著	200 元
6. 糖尿病四季飲食	王耀獻著	200 元
7. 癌症四季飲食	李忠著	200 元

·彩色圖解保健· 品冠編號 64

1. 瘦身	主婦之友社	300 元
2. 腰痛	主婦之友社	300 元
3. 肩膀痠痛	主婦之友社	300 元
4. 腰、膝、腳的疼痛	主婦之友社	300 元
5. 壓力、精神疲勞	主婦之友社	300 元
6. 眼睛疲勞、視力減退	主婦之友社	300 元

·心 想 事 成· 品冠編號 65

1. 魔法愛情點心	結城莫拉著	120 元
2. 可愛手工飾品	結城莫拉著	120 元
3. 可愛打扮 & 髮型	結城莫拉著	120 元
4. 撲克牌算命	結城莫拉著	120 元

·熱 門 新 知· 品冠編號 67

1. 圖解基因與 DNA	（精）	中原英臣 主編	230 元
2. 圖解人體的神奇	（精）	米山公啟 主編	230 元
3. 圖解腦與心的構造	（精）	永田和哉 主編	230 元
4. 圖解科學的神奇	（精）	鳥海光弘 主編	230 元
5. 圖解數學的神奇	（精）	柳 谷 晃 著	250 元
6. 圖解基因操作	（精）	海老原充 主編	230 元
7. 圖解後基因組	（精）	才園哲人 著	

·法律專欄連載· 大展編號 58

台大法學院　　　法律學系／策劃
　　　　　　　　　法律服務社／編著

| 1. 別讓您的權利睡著了⑴ | 200 元 |
| 2. 別讓您的權利睡著了⑵ | 200 元 |

·武 術 特 輯· 大展編號 10

| 1. 陳式太極拳入門 | 馮志強編著 | 180 元 |

4

46. <珍貴本>陳式太極拳精選　　　馮志強著　280元
47. 武當趙保太極拳小架　　　　鄭悟清傳授　250元
48. 太極拳習練知識問答　　　　邱丕相主編　220元
49. 八法拳　八法槍　　　　　　　武世俊著　220元

・彩色圖解太極武術・大展編號102

1. 太極功夫扇　　　　　　　李德印編著　220元
2. 武當太極劍　　　　　　　李德印編著　220元
3. 楊式太極劍　　　　　　　李德印編著　220元
4. 楊式太極刀　　　　　　　　王志遠著　220元

・名師出高徒・大展編號111

1. 武術基本功與基本動作　　劉玉萍編著　200元
2. 長拳入門與精進　　　　　吳彬　等著　220元
3. 劍術刀術入門與精進　　　楊柏龍等著　220元
4. 棍術、槍術入門與精進　　邱丕相編著　220元
5. 南拳入門與精進　　　　　朱瑞琪編著　220元
6. 散手入門與精進　　　　　張　山等著　220元
7. 太極拳入門與精進　　　　李德印編著　280元
8. 太極推手入門與精進　　　田金龍編著　220元

・實用武術技擊・大展編號112

1. 實用自衛拳法　　　　　　溫佐惠　著　250元
2. 搏擊術精選　　　　　　　陳清山等著　220元
3. 秘傳防身絕技　　　　　　程崑彬　著　230元
4. 振藩截拳道入門　　　　　陳琦平　著　220元
5. 實用擒拿法　　　　　　　韓建中　著　220元
6. 擒拿反擒拿88法　　　　　韓建中　著　250元
7. 武當秘門技擊術入門篇　　高　翔　著　250元
8. 武當秘門技擊術絕技篇　　高　翔　著　250元

・中國武術規定套路・大展編號113

1. 螳螂拳　　　　　　　　中國武術系列　300元
2. 劈掛拳　　　　　　　規定套路編寫組　300元
3. 八極拳　　　　　　　　國家體育總局　250元

・中華傳統武術・大展編號114

1. 中華古今兵械圖考　　　　裴錫榮　主編　280元
2. 武當劍　　　　　　　　　陳湘陵　編著　200元

3.	梁派八卦掌（老八掌）	李子鳴 遺著	220 元
4.	少林 72 藝與武當 36 功	裴錫榮 主編	230 元
5.	三十六把擒拿	佐藤金兵衛 主編	200 元
6.	武當太極拳與盤手 20 法	裴錫榮 主編	220 元

・ 少 林 功 夫 ・大展編號 115

1.	少林打擂秘訣	德虔、素法 編著	300 元
2.	少林三大名拳 炮拳、大洪拳、六合拳	門惠豐 等著	200 元
3.	少林三絕 氣功、點穴、擒拿	德虔 編著	300 元
4.	少林怪兵器秘傳	素法 等著	250 元
5.	少林護身暗器秘傳	素法 等著	220 元
6.	少林金剛硬氣功	楊維 編著	250 元
7.	少林棍法大全	德虔、素法 編著	

・原地太極拳系列・大展編號 11

1.	原地綜合太極拳 24 式	胡啟賢創編	220 元
2.	原地活步太極拳 42 式	胡啟賢創編	200 元
3.	原地簡化太極拳 24 式	胡啟賢創編	200 元
4.	原地太極拳 12 式	胡啟賢創編	200 元
5.	原地青少年太極拳 22 式	胡啟賢創編	200 元

・ 道 學 文 化 ・大展編號 12

1.	道在養生：道教長壽術	郝勤 等著	250 元
2.	龍虎丹道：道教內丹術	郝勤 著	300 元
3.	天上人間：道教神仙譜系	黃德海著	250 元
4.	步罡踏斗：道教祭禮儀典	張澤洪著	250 元
5.	道醫窺秘：道教醫學康復術	王慶餘等著	250 元
6.	勸善成仙：道教生命倫理	李 剛著	250 元
7.	洞天福地：道教宮觀勝境	沙銘壽著	250 元
8.	青詞碧簫：道教文學藝術	楊光文等著	250 元
9.	沈博絕麗：道教格言精粹	朱耕發等著	250 元

・ 易 學 智 慧 ・大展編號 122

1.	易學與管理	余敦康主編	250 元
2.	易學與養生	劉長林等著	300 元
3.	易學與美學	劉綱紀等著	300 元
4.	易學與科技	董光璧著	280 元
5.	易學與建築	韓增祿著	280 元
6.	易學源流	鄭萬耕著	280 元
7.	易學的思維	傅雲龍等著	250 元

國家圖書館出版品預行編目資料

長拳／李杰　主編　國際武術聯合會　審定　李巧玲　執筆
——初版，——臺北市，大展，2003〔民92〕
面；21公分，——（國際武術競賽套路；1）
ISBN 957-468-250-1（平裝）

1.拳術—中國
528.97　　　　　　　　　　　　　　　　92013662

長　拳

ISBN 957-468-250-1

主 編 者／李　　杰

審　　定／國際武術聯合會

執　　筆／李 巧 玲

責任編輯／鄭 小 鋒

發 行 人／蔡 森 明

出 版 者／大展出版社有限公司

社　　址／台北市北投區（石牌）致遠一路2段12巷1號

電　　話／（02）28236031・28236033・28233123

傳　　眞／（02）28272069

郵政劃撥／01669551

網　　址／www.dah-jaan.com.tw

E - mail／dah_jaan@pchome.com.tw

登 記 證／局版臺業字第2171號

承 印 者／高星印刷品行

裝　　訂／協億印製廠股份有限公司

排 版 者／弘益電腦排版有限公司

初版1刷／2003年（民92年）11月

定　價／220元